AF234498

Impressum
Verlag: BABADADA GmbH, Nedderfeld 112 , 22529 Hamburg
Geschäftsführer / Verlagsleitung: Harald Hof
Druck: Books on Demand GmbH, In de Tarpen 42, 22848 Norderstedt

Imprint
Publisher: BABADADA GmbH, Nedderfeld 112 , 22529 Hamburg, Germany
Managing Director / Publishing direction: Harald Hof
Print: Books on Demand GmbH, In de Tarpen 42, 22848 Norderstedt

مدرسه

school

کلاس درس
classroom
تقسیم کردن
divide
186/2
تخته
board
school yard
معلم
teacher
کاغذ
paper
نوشتن
write
خودکار
pen
میز تحریر
desk
خط کش
ruler
کتاب
book
دانش آموز
pupil

کیف مدرسه

satchel

جامدادی

pencil case

مداد

pencil

تراش

pencil sharpener

پاک کن

rubber

دفتر رسم

drawing pad

2 مدرسه - school

طراحی

drawing

قلم مو

paintbrush

جعبه ی آبرنگ

paint box

قیچی

scissors

چسب

glue

کتاب تمرین

exercise book

تکلیف خانه

homework

12

رقم

number

2+2

جمع کردن

add

5-2

تفریق کردن

subtract

2×2

ضرب کردن

multiply

محاسبه کردن

calculate

A

حرف الفبا

letter

ABCDEFG HIJKLMN OPQRSTU VWXYZ

الفبا

alphabet

hello

کلمه

word

متن

text

خواندن

read

گچ

chalk

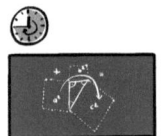

درس

lesson

ثبت نام

register

امتحان

examination

مدرک رسمی

certificate

لباس مدرسه

school uniform

تحصیلات

education

دانشنامه

encyclopedia

دانشگاه

university

میکروسکوپ

microscope

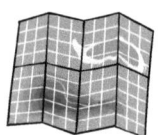

نقشه

map

سبد کاغذ باطله

waste-paper basket

سفر

travel

هتل
hotel
Grand
مسافرخانه
hostel
ROOMS
EXCHANGE
صرافی
currency exchange office
چمدان
suitcase
اتومبیل
car

زبان

language

بله / خیر

yes / no

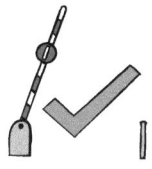

اُکی

Okay

سلام

hello

مترجم

translator

ممنون

Thank you

قیمت ... چه قدر است؟

....

how much is...?

من متوجه نمی شوم

....

I don´t get it

مشکل

....

problem

عصر بخیر! / شب بخیر!

....

Good evening!

صبح بخیر!

....

Good morning!

شب بخیر!

....

Good night!

خدانگهدار

....

goodbye

جهت

....

direction

بار سفر

....

luggage

کیف

....

bag

کوله پشتی

....

backpack

مهمان

....

guest

اتاق

....

room

کیسه خواب

....

sleeping bag

خیمه

....

tent

مرکز راهنمای گردشگران
....
tourist information

ساحل
....
beach

کارت اعتباری
....
credit card

صبحانه
....
breakfast

نهار
....
lunch

شام
....
dinner

بلیط
....
Ticket

آسانسور
....
elevator

مهر
....
stamp

مرز
....
border

گمرک
....
customs

سفارتخانه
....
embassy

ویزا
....
visa

گذرنامه
....
passport

سفر - travel

حمل و نقل

transport

هواپیما
airplane
کشتی
ship
ماشین آتش نشانی
fire truck
اتوبوس
bus
کامیون
truck
قایق موتوری
motorboat
دوچرخه
bike
اتومبیل
car

کشتی مسافربری

ferry

قایق

boat

موتورسیکلت

motorbike

ماشین پلیس

police car

ماشین مسابقه

racing car

ماشین کرایه ای

rental car

به اشتراک گذاری اتوموبیل

....

car sharing

جرثقیل

....

tow truck

ماشین حمل زباله

....

garbage truck

موتور

....

engine

بنزین

....

fuel

پمپ بنزین

....

fuel station

تابلو راهنمایی و رانندگی

....

traffic sign

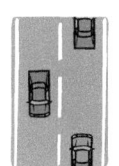

عبور و مرور

....

traffic

ترافیک

....

traffic jam

پارکینگ

....

parking lot

ایستگاه قطار

....

train station

ریل راه آهن

....

tracks

قطار

....

train

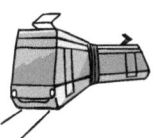

قطار برقی

....

tram

واگن

....

wagon

هليكوپتر

helicopter

فرودگاه

airport

برج

tower

مسافر

passenger

كانتينر

container

كارتن

carton

گاری

cart

سبد

basket

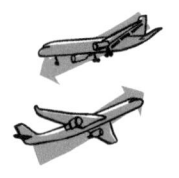

به پرواز درآمدن / فرود آمدن

take off / land

شهر

city

دهكده

village

مركز شهر

city center

خانه

house

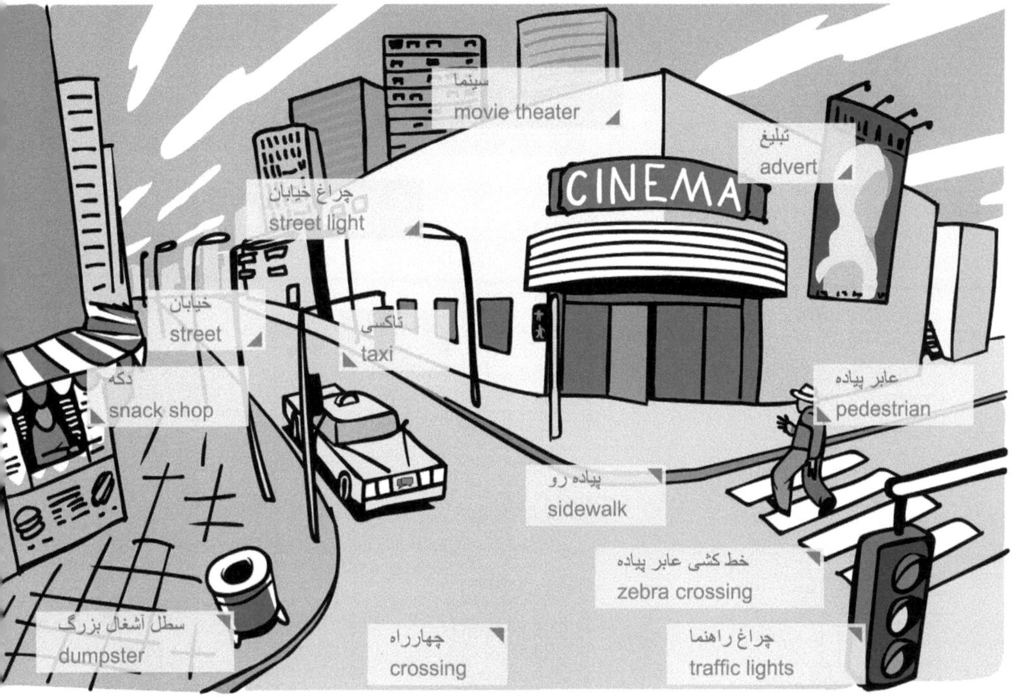

سینما
movie theater
CINEMA
تبلیغ
advert
چراغ خیابان
street light
خیابان
street
تاکسی
taxi
دکه
snack shop
عابر پیاده
pedestrian
پیاده رو
sidewalk
خط کشی عابر پیاده
zebra crossing
سطل آشغال بزرگ
dumpster
چهارراه
crossing
چراغ راهنما
traffic lights

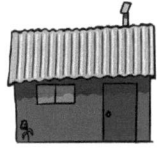

کلبه

hut

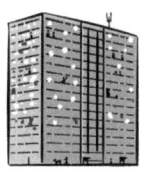

آپارتمان

apartment

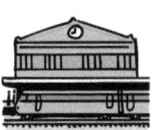

ایستگاه قطار

train station

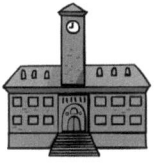

ساختمان شهرداری

city hall

MUSEUM

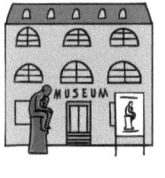

موزه

museum

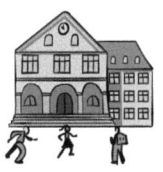

مدرسه

school

دانشگاه

university

بانک

bank

بیمارستان

hospital

هتل

hotel

داروخانه

pharmacy

اداره

office

کتابفروشی

book shop

مغازه

shop

گل فروشی

flower shop

سوپرمارکت

supermarket

بازار

market

فروشگاه بزرگ

department store

ماهی فروش

fishmonger's shop

مرکز خرید

mall

بندر

harbor

پارک

park

نیمکت

bench

پل

bridge

پله

stairs

مترو

subway

تونل

tunnel

ایستگاه اتوبوس

bus stop

میخانه

bar

رستوران

restaurant

صندوق پست

postbox

تابلوی خیابان

street sign

دستگاه پارکومتر

parking meter

باغ وحش

zoo

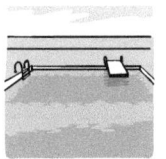

استخر شنای عمومی

swimming pool

مسجد

mosque

مزرعه
farm

آلودگی محیط زیست
pollution

قبرستان
cemetery

کلیسا
church

زمین بازی
playground

معبد
temple

چشم انداز

landscape

برگ
leaf

تابلوی راهنمای مسیر
signpost

راه
path

چمنزار
meadow

سنگ
stone

درخت
tree

راه نورد
hiker

رودخانه
river

چمن
grass

گل
flower

دره

valley

تپه

hill

دریاچه

lake

جنگل

forest

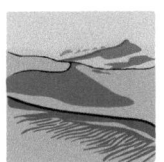

بیابان

desert

کوه آتشفشان

volcano

قلعه

castle

رنگین کمان

rainbow

قارچ

mushroom

درخت نخل

palm tree

پشه

mosquito

مگس

fly

مورچه

ant

زنبور

bee

عنکبوت

spider

سوسک

beetle

قورباغه

frog

سنجاب

squirrel

جوجه تیغی

hedgehog

خرگوش صحرایی

hare

جغد

owl

پرنده

bird

قو

swan

گراز

boar

گوزن نر

deer

گوزن شمالی

moose

سد آب

dam

توربین بادی

wind turbine

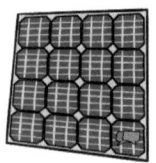

صفحه ی خورشیدی

solar panel

آب و هوا

climate

رستوران
restaurant

waiter
منوی غذا
menu
صندلی
chair
سوپ
soup
پیتزا
pizza
سرویس کارد و قاشق و چنگال
cutlery
رومیزی
tablecloth

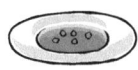

پیش‌غذا
starter

غذای اصلی
main course

دسر
dessert

نوشیدنی ها
drinks

غذا
food

بطری
bottle

فست فود
....
fast food

اغذیه خیابانی
....
street food

قوری
....
teapot

قندان
....
sugar bowl

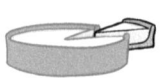

پُرس غذا
....
portion

دستگاه اسپرسو
....
espresso machine

صندلی پایه بلند غذاخوری بچه
....
high chair

صورتحساب
....
bill

سینی
....
tray

چاقو
....
knife

چنگال
....
fork

قاشق
....
spoon

قاشق چایخوری
....
teaspoon

دستمال سفره
....
serviette

لیوان
....
glass

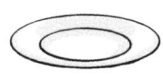

بشقاب

plate

بشقاب سوپخوری

soup plate

نعلبکی

saucer

سس

sauce

نمکدان

salt shaker

فلفل ساب

pepper mill

سرکه

vinegar

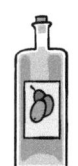

روغن خوراکی

oil

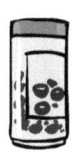

ادویه جات

spices

سس کچاپ

ketchup

سس خردل

mustard

سس مایونز

mayonnaise

سوپرمارکت
supermarket

پیشنهاد ویژه
special offer
مشتری
customer
لبنیات
dairy products
میوه جات
fruit
چرخ دستی خرید
shopping cart

قصابی

butcher's shop

نانوایی

bakery

وزن کردن

weigh

سبزیجات

vegetables

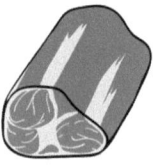

گوشت

meat

غذای منجمد

frozen food

مخلوطی از انواع کالباس یا پنیر
ورقه ای بریده شده باشند
cold cuts

غذای کنسروی
canned food

پودر لباسشویی
detergent

شیرینی جات
candy

لوازم خانگی
household products

ماده شوینده و پاک کننده
cleaning products

فروشنده
sales representative

صندوق پرداخت
cash register

صندوقدار
cashier

لیست خرید
shopping list

ساعات کار
opening hours

کیف پول
wallet

کارت اعتباری
credit card

کیف
bag

کیسه ی پلاستیکی
plastic bag

نوشیدنی ها

drinks

آب
....
water

آبمیوه
....
juice

شیر
....
milk

نوشابه کوکاکولا
....
coke

شراب
....
wine

آبجو
....
beer

الکل
....
alcohol

کاکائو
....
cocoa

چای
....
tea

قهوه
....
coffee

قهوه اسپرسو
....
espresso

کاپوچینو
....
cappuccino

موز

banana

سیب

apple

پرتقال

orange

انواع هندوانه و خربزه

melon

لیمو

lemon

هویج

carrot

سیر

garlic

نی بامبو

bamboo

پیاز

onion

قارچ

mushroom

آجیل

nuts

ماکارونی

noodles

اسپاگتی

spaghetti

برنج

rice

سالاد

salad

سیب زمینی سرخ کرده

fries

سیب زمینی سرخ شده

fried potatoes

پیتزا

pizza

همبرگر

hamburger

ساندویچ

sandwich

شنیتسل

escalope

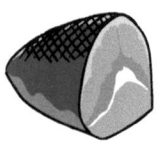

ژامبون خوک

ham

سالامی

salami

سوسیس

sausage

مرغ

chicken

نوعی گوشت سرخ شده

roast

ماهی

fish

جوی پرک شده

porridge oats

نوعی صبحانه مخلوطی از برگه ذرت و
میوه های خشک شده و خشکبار که
معمولا با شیر خورده می شود
muesli

کورنفلکس

cornflakes

آرد

flour

کرواسان

croissant

نان بروتشن

bread roll

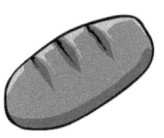

نان

bread

نان تست

toast

بیسکویت

cookies

کره

butter

کشک

curd

کیک

cake

تخم مرغ

egg

تخم مرغ نیمرو

fried egg

پنیر

cheese

بستنی

ice cream

شکر

sugar

عسل

honey

مربا

jelly

کرم شکلاتی بادامی

nougat cream

ادویه کاری

curry

مزرعه
farm

خانه ی مزرعه داران
انبار غله
barn
خرمن‌ گاه
straw bale
مزرعه
field
اسب
horse
ماشین یدک کش
trailer
کره اسب
foal
تراکتور
tractor
خر
donkey
گوسفند
sheep
بره
lamb

بز
goat

گاو ماده
cow

گوساله
calf

خوک
pig

بچه خوک
piglet

گاو نر
bull

مزرعه - farm

غاز

goose

اردک

duck

جوجه

chick

مرغ

hen

خروس

cockerel

موش صحرایی

rat

گربه

cat

موش

mouse

گاو نر اخته

ox

سگ

dog

لانه ی سگ

dog house

شلنگ باغبانی

garden hose

آبپاش

watering can

داس دسته بلند

scythe

گاوآهن

plow

داس

sickle

کج بیل

hoe

چنگک باغبانی

pitchfork

تبر

axe

فرقون

pushcart

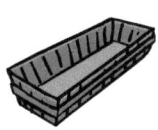

آبشخور

trough

بطری نگهداری شیر

milk can

کیسه

sack

حصار

fence

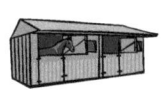

اصطبل

stable

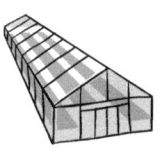

گلخانه

greenhouse

خاک

soil

بذر

seed

کود

fertilizer

ماشین کمباین

combine harvester

برداشت کردن محصول

harvest

محصول

harvest

تمیس

yams

گندم

wheat

سویا

soya

سیب زمینی

potato

ذرت

corn

کلزا

rapeseed

درخت میوه

fruit tree

گیاه مانیوک

manioc

غلات

grain

خانه

house

دودکش
chimney
پشت بام
roof
ناودان
downspout
پنجره
window
زنگ در
doorbell
گاراژ
garage
در
door
سطل آشغال
trash can
صندوق مراسلات
mailbox
باغ
garden

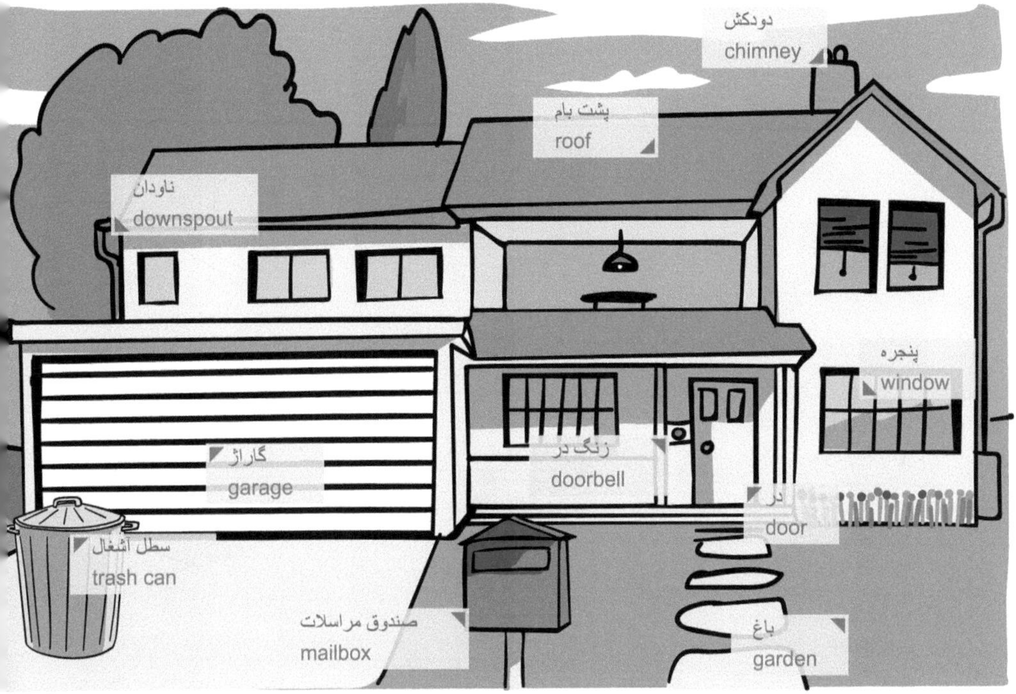

اتاق نشیمن

living room

حمام

bathroom

آشپزخانه

kitchen

اتاق خواب

bedroom

اتاق بچه

kids room

ناهارخوری

dining room

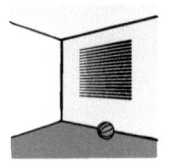

کف زمین

floor

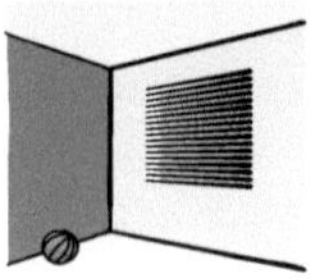

دیوار

wall

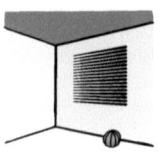

سقف

ceiling

زیرزمین

cellar

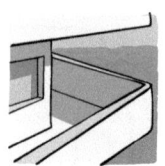

سونا

sauna

بالکن

balcony

تراس

terrace

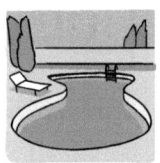

استخر

pool

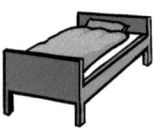

ماشین چمن‌زنی

lawn mower

ملافه

sheet

روتختی

bedspread

تخت خواب

bed

جارو

broom

سطل

bucket

سویچ یا کلید

switch

اتاق نشیمن

living room

کاغذ دیواری
wallpaper
عکس
picture
لامپ
lamp
قفسه
shelf
کابینت
cabinet
تلویزیون
television
شومینه
fireplace
گل
flower
کوسن
cushion
کاناپه
sofa
گلدان
vase
کنترل تلویزیون و ویدئو و غیره
remote control

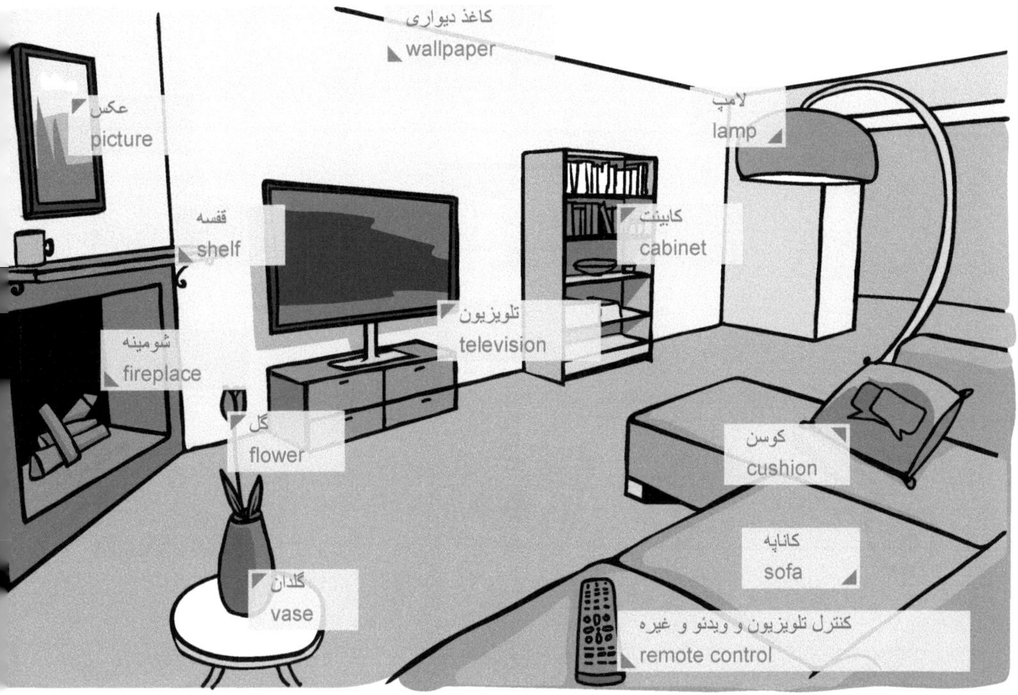

فرش

carpet

پرده

drape

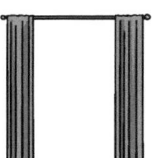

میز

table

صندلی

chair

صندلی گهواره ایی

rocking chair

صندلی راحتی

armchair

كتاب

book

لحاف

blanket

دكوراسيون

decoration

هيزم

firewood

فيلم

film

دستگاه ضبط صوت

stereo system

كليد

key

روزنامه

newspaper

تابلو نقاشى

painting

پوستر

poster

راديو

radio

دفترچه يادداشت

notebook

جاروبرقى

vacuum cleaner

كاكتوس

cactus

شمع

candle

آشپزخانه
kitchen

یخچال
fridge
ماکروویو
microwave oven
تُستِر
toaster
ماده شوینده و پاک کننده
laundry detergent
فر خوراک پزی
stove
جایخی
freezer
سطل آشغال
trash can
ماشین ظرفشویی
dishwasher

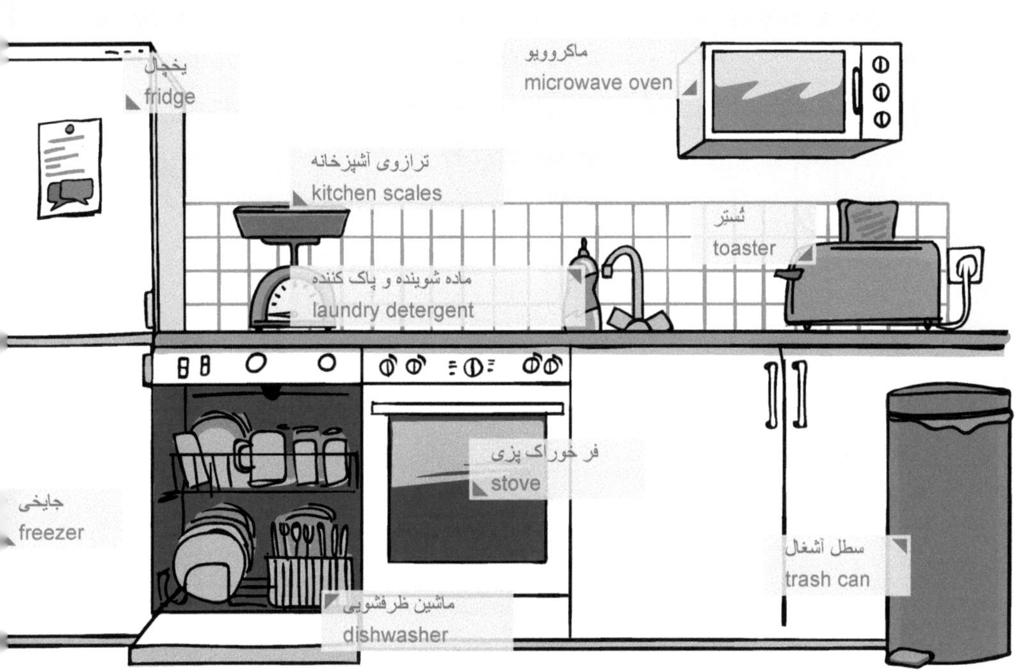

اجاق گاز
cooker

قابلمه
pot

قابلمه چدنی
cast-iron pot

ماهی تابه گود
wok / kadai

ماهی تابه
pan

کتری
kettle

بخارپز

steamer

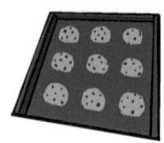

سینی فر

baking tray

ظرف چینی آشپزخانه

crockery

لیوان

mug

کاسه

bowl

چاپستیک

chopsticks

ملاقه

ladle

کفگیر

spatula

همزن

whisk

آبکش

strainer

آبکش

sieve

رنده

grater

هاون

mortar

باربیکیو

barbecue

محل مخصوص افروختن آتش

fireplace

تخته گوشت و سبزی

chopping board

وردنه

rolling pin

در بطری بازکن

corkscrew

قوطی

can

در قوطی بازکن

can opener

دستگیره پارچه ای

oven cloth

سینک ظرفشویی

sink

برس گردگیری

brush

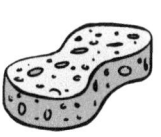

اسفنج

sponge

مخلوط کن

blender

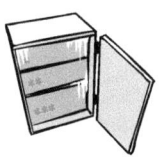

فریزر

deep freezer

شیشه شیر بچه

baby bottle

شیر آب

tap

حمام
bathroom

بخاری
heating
حوله
towel
دوش
shower
پرده ی حمام
shower curtain
حمام کف
bubble bath
وان حمام
bathtub
لیوان
glass
ماشین لباسشویی
washing machine
شیر آب
tap
کاشی
tiles
لگن دستشویی کودکان
potty
سینک ظرفشویی
sink

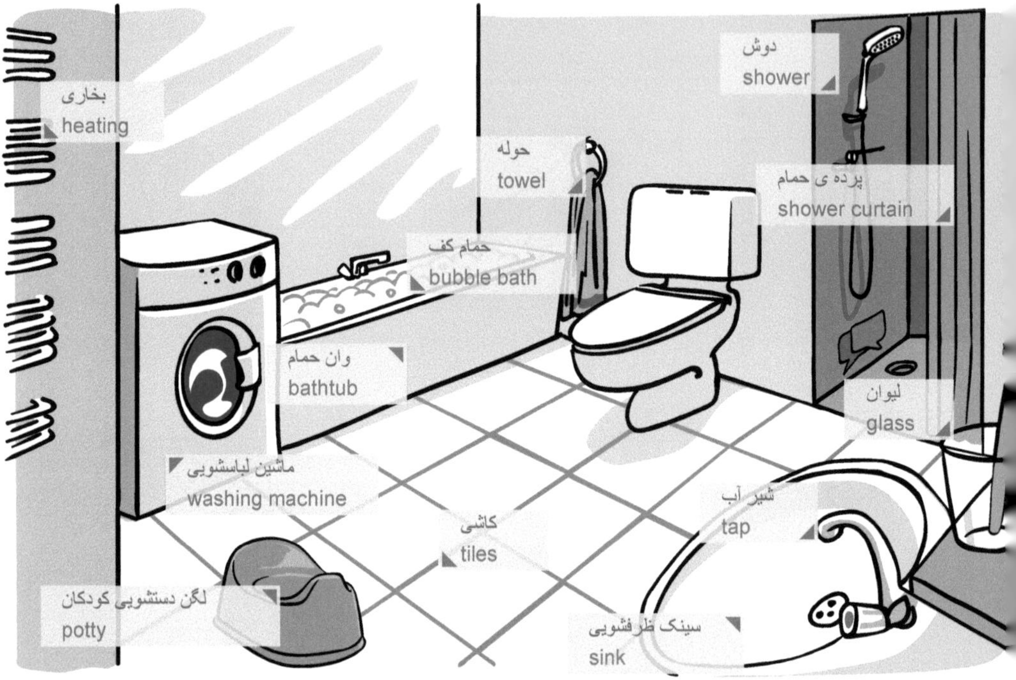

توالت
....
toilet

توالت ایرانی
....
squat toilet

کاسه توالت
....
bidet

توالت مخصوص آقایان
....
urinal

دستمال توالت
....
toilet paper

فرچه توالت
....
toilet brush

حمام - bathroom

مسواک

toothbrush

خمیردندان

toothpaste

نخ دندان

dental floss

شستن

wash

دوش آب تلفنی

hand shower

شلنگ توالت

douche

لگن روشویی

basin

برس شست و شوی پشت

back brush

صابون

soap

شامپو بدن

shower gel

شامپو

shampoo

لیف حمام

flannel

راه آب

drain

کرم

creme

اسپری دئودورانت

deodorant

آیینه

mirror

آیینه ی کوچک دستی

hand mirror

تیغ ریش تراشی

razor

کف ریش‌تراشی

shaving foam

افترشیو

aftershave

شانه ی سر

comb

برس

brush

سشوار

hair-dryer

اسپری مو

hairspray

آرایش

makeup

رژلب

lipstick

لاک ناخن

nail varnish

پنبه

cotton wool

قیچی ناخن

nail scissors

عطر

perfume

کیف لوازم آرایشی و بهداشتی

washbag

چهارپایه

stool

ترازو

weighing scales

حوله ی پالتویی

bathrobe

دستکش ظرفشویی

rubber gloves

تامپون

tampon

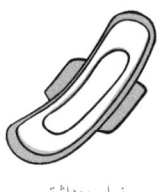

نوار بهداشتی

sanitary towel

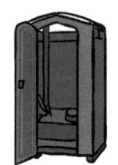

توالت سیار

chemical toilet

اتاق بچه

kids room

ساعت زنگدار
alarm clock
نوعی عروسک نرم به شکل حیوانات
cuddly toy
ماشین اسباب بازی
toy car
جغجغه
rattle
خانه ی عروسکی
doll's house
کادو
present

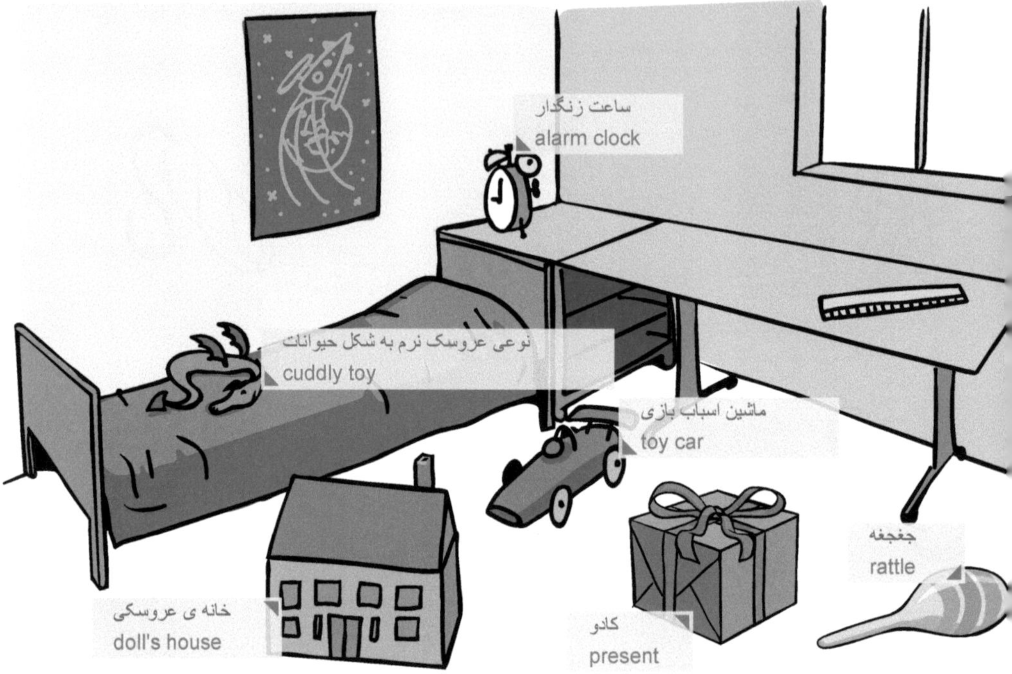

بادکنک

balloon

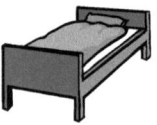

تخت خواب

bed

کالسکه بچه

stroller

بازی ورق

deck of cards

پازل

jigsaw

داستان مصور

comic

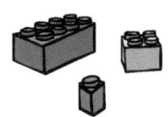

اسباب بازی لگو

lego bricks

خانه سازی

toy blocks

عروسک شخصیت های فیلم و کارتون

action figure

لباس نوزاد

romper suit

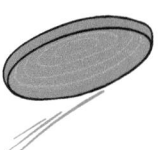

فریزبی

frisbee

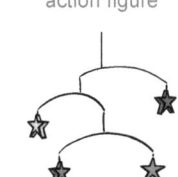

نوعی اسباب بازی که روی تخت نوزاد
یا کودک نصب می شود

mobile

بازی روی صفحه

board game

تاس

dice

قطار اسباب بازی

model train set

پستانک

pacifier

مهمانی

party

کتاب مصور

picture book

توپ

ball

عروسک

doll

بازی کردن

play

جعبه شنی مخصوص بازی کودکان

sandpit

تاب

swing

اسباب بازی

toys

کنسول بازی های کامپیوتری

video game console

سه چرخه

tricycle

خرس عروسکی

teddy bear

کمد لباس

wardrobe

لباس

clothing

جوراب

socks

جوراب زنانه ساق بلند

stockings

جوراب شلواری

tights

شال
scarf

کمربند
belt

چتر
umbrella

تی شرت
t-shirt

کفش ورزشی کتانی
sneakers

پوتین
boots

دمپایی
slippers

صندل
sandals

کفش
shoes

چکمه پلاستیکی
rubber boots

شرت
underwear

سوتین
bra

جلیقه
undershirt

بادی

body

شلوار

pants

جین

jeans

دامن

skirt

بلوز

blouse

پیراهن

shirt

پولیور

pullover

سویی شرت

sweater

نوعی کت

blazer

ژاکت

jacket

کت بلند

coat

بارانی

raincoat

لباس نمایش

costume

لباس

dress

لباس عروس

wedding dress

کت و شلوار

suit

لباس خواب زنانه

nightgown

پیژامه

pajamas

ساری

sari

روسری

headscarf

عمامه

turban

برقع

burka

قبا

kaftan

عبا

abaya

لباس شنا

swimsuit

شرت شنا

trunks

شلوارک

shorts

لباس ورزشی

tracksuit

پیشبند

apron

دستکش

gloves

دکمه

button

عینک

glasses

دستبند

bracelet

گردنبند

necklace

انگشتر

ring

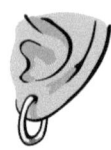

گوشواره

earring

کلاه لبه دار

cap

چوب لباسی

coat hanger

کلاه

hat

کراوات

tie

زیپ

zip

کلاه ایمنی

helmet

بند شلوار

braces

لباس مدرسه

school uniform

لباس فرم

uniform

پیش بند بچه
....
bib

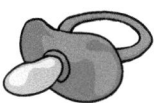

پستانک
....
pacifier

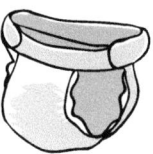

پوشک بچه
....
diaper

اداره

office

کمد نگهداری پرونده
filing cabinet

سرور
server

چاپگر
printer

مانیتور
monitor

کاغذ
paper

میز تحریر
desk

ماوس
mouse

زونکن
folder

صفحه کلید
keyboard

سبد کاغذ باطله
waste-paper basket

کامپیوتر
computer

صندلی
chair

لیوان قهوه
....
coffee mug

ماشین حساب
....
calculator

اینترنت
....
internet

لپ تاپ

laptop

نامه

letter

پیغام

message

تلفن همراه

cell phone

شبکه ی ارتباطی

network

دستگاه فتوکپی

photocopier

نرم افزار

software

تلفن

telephone

پریز

plug socket

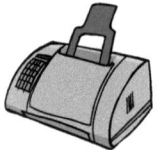

دستگاه فاکس

fax machine

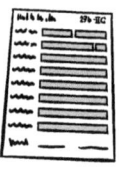

فرم

form

مدرک

document

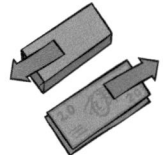

خریدن

buy

پرداخت کردن

pay

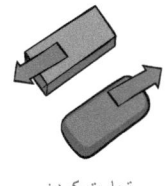

تجارت کردن

trade

پول

money

دلار

dollar

یورو

euro

ین

yen

روبل

rouble

فرانک سوئیس

Swiss franc

یوان رنمینبی

renminbi yuan

روپیه

rupee

دستگاه خودپرداز

cash point

صرافی

currency exchange office

طلا

gold

نقره

silver

نفت

oil

انرژی

energy

قیمت

price

قرارداد

contract

مالیات

tax

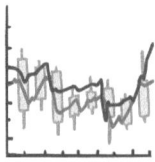

سهام سرمایه

stock

کار کردن

work

کارمند

employee

کارفرما

employer

کارخانه

factory

مغازه

shop

مشاغل
occupations

مامور پلیس
police officer
آتش نشان
fireman
cook
دکتر
doctor
خلبان
pilot

باغبان

gardener

نجار

carpenter

خیاط زنانه

seamstress

قاضی

judge

شیمیدان

chemist

بازیگر

actor

راننده اتوبوس

bus driver

راننده تاکسی

taxi driver

ماهیگیر

fisherman

نظافتچی زن

cleaning lady

سقف ساز

roofer

پیشخدمت رستوران

waiter

شکارچی

hunter

نقاش

painter

نانوا

baker

برقکار

electrician

کارگر ساختمانی

builder

مهندس

engineer

قصاب

butcher

لوله کش

plumber

پستچی

postman

سرباز

soldier

معمار

architect

صندوقدار

cashier

گل فروش

florist

آرایشگر

hairdresser

مامور کنترل بلیط در قطار

conductor

مکانیک

mechanic

ناخدا

captain

دندانپزشک

dentist

دانشمند

scientist

عالم یهودی

rabbi

امام

imam

راهب

monk

کشیش

pastor

ابزارآلات

tools

چکش
hammer
انبردست
pliers
پیچ گوشتی
screwdriver
آچار
wrench
چراغ قوه
torch

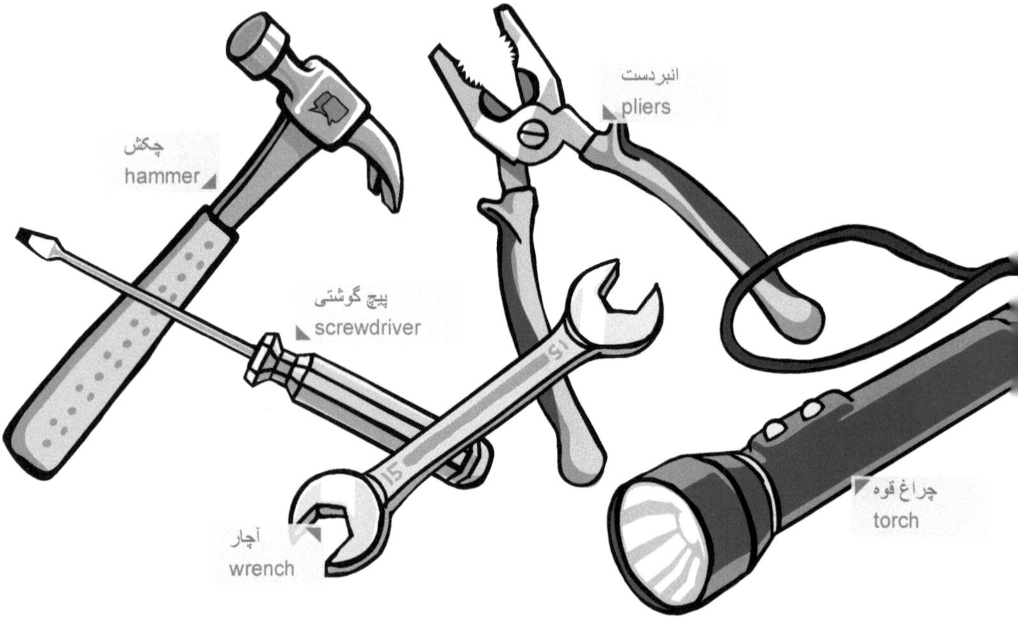

بیل مکانیکی

excavator

جعبه ابزار

toolbox

نردبان

ladder

ارّه

saw

میخ

nails

مته

drill

تعمیر کردن
repair

بیل
shovel

لعنتی!
Damn!

خاک انداز
dustpan

سطل رنگرزی
paint can

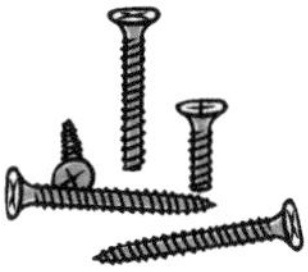

پیچ
screws

آلات موسیقی

musical instruments

بلندگو
loud speaker

درامز
drum set

کنترباس
double bass

ترومپت
trumpet

گیتار
guitar

پیانو

piano

ویولن

violin

گیتار بیس

bass

تیمپانی

timpani

طبل

drums

کیبورد الکتریک

keyboard

ساکسیفون

saxophone

فلوت

flute

میکروفون

microphone

باغ وحش

zoo

ببر
tiger
ورودی
entrance
قفس
cage
گورخر
zebra
خوراک حیوانات
animal feed
خرس پاندا
panda

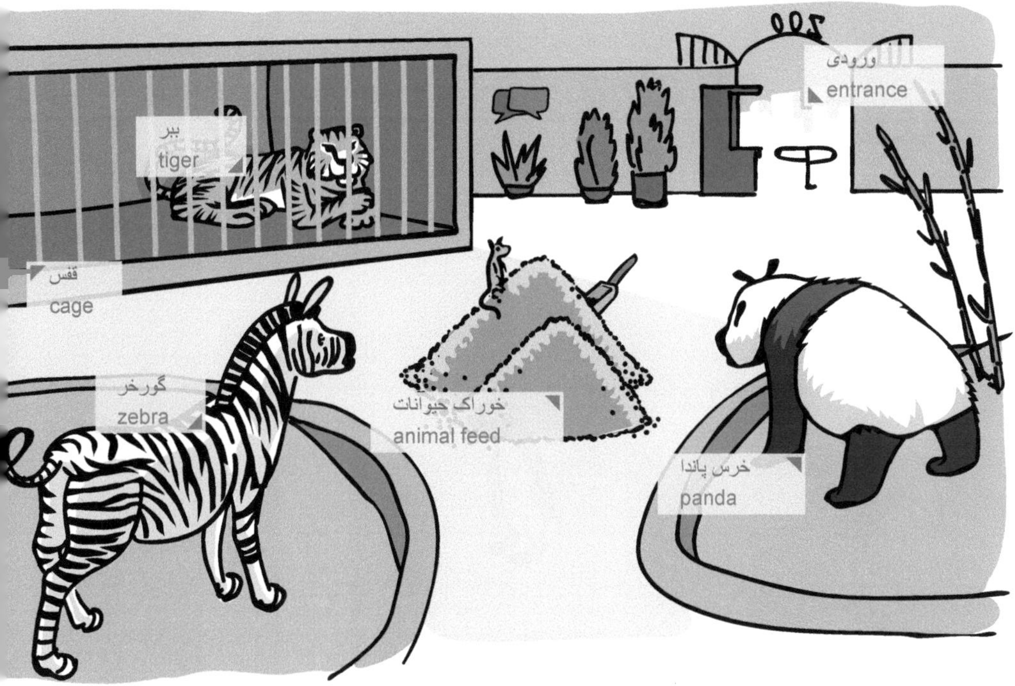

حیوانات

animals

فیل

elephant

کانگورو

kangaroo

کرگدن

rhino

گوریل

gorilla

خرس

bear

شتر

camel

شترمرغ

ostrich

شیر

lion

میمون

monkey

فلامینگو

flamingo

طوطی

parrot

خرس قطبی

polar bear

پنگوئن

penguin

کوسه

shark

طاووس

peacock

مار

snake

تمساح

crocodile

نگهبان باغ وحش

zookeeper

خوک آبی

seal

پلنگ امریکایی

jaguar

اسب کوچک

pony

پلنگ

leopard

اسب آبی

hippo

زرافه

giraffe

عقاب

eagle

گراز

boar

ماهی

fish

لاک پشت

turtle

شیرماهی

walrus

روباه

fox

غزال

gazelle

ورزش ها

sports

فوتبال آمریکایی
American football
دوچرخه سواری
cycling
تنیس
tennis
بسکتبال
basketball
شنا
swimming
بوکس
boxing
هاکی روی یخ
ice hockey

فوتبال

soccer

بدمینتون

badminton

دوومیدانی

athletics

هندبال

handball

اسکی

skiing

پولو

polo

فعالیت ها
activities

خندیدن
laugh
پریدن
jump
بغل کردن
hug
راه رفتن
walk
آواز خواندن
sing
رؤیا دیدن
dream
دعا کردن
pray
بوسیدن
kiss

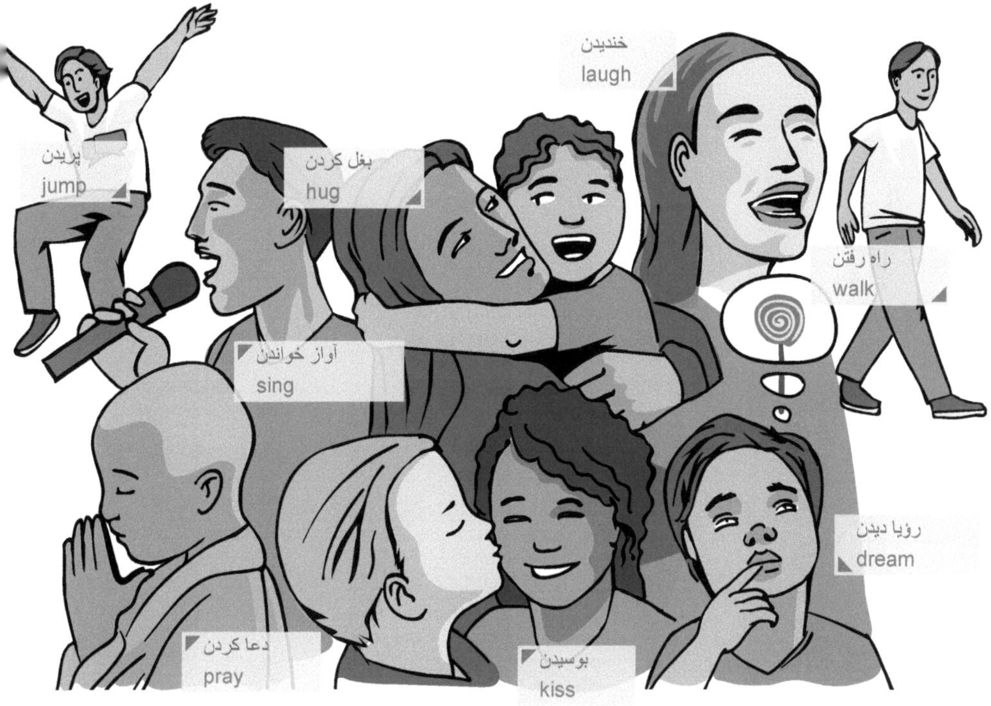

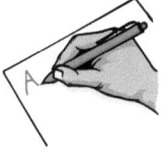

نوشتن
write

رسم کردن
draw

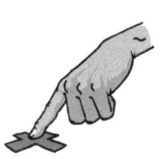

نشان دادن
show

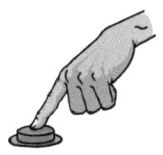

هل دادن
push

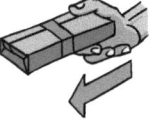

دادن
give

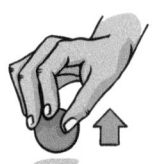

برداشتن
take

داشتن

have

انجام دادن

do

بودن

be

ایستادن

stand

دویدن

run

کشیدن

pull

پرتاب کردن

throw

افتادن

fall

دراز کشیدن

lie

منتظر بودن

wait

حمل کردن

carry

نشستن

sit

لباس پوشیدن

get dressed

خوابیدن

sleep

بیدار شدن

wake up

فعالیت ها - activities

تماشا کردن

look at

گریه کردن

cry

نوازش کردن

stroke

شانه کردن

comb

حرف زدن

talk

فهمیدن

understand

پرسیدن

ask

شنیدن

listen

آشامیدن

drink

خوردن

eat

مرتب کردن

tidy up

عاشق بودن

love

پختن

cook

رانندگی کردن

drive

پرواز کردن

fly

قایقرانی کردن

sail

محاسبه کردن

calculate

خواندن

read

یاد گرفتن

learn

کار کردن

work

ازدواج کردن

marry

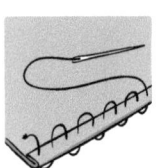

دوختن

sew

مسواک زدن

brush teeth

کشتن

kill

سیگار کشیدن

smoke

فرستادن

send

خانواده
family

مادربزرگ
grandmother
پدربزرگ
grandfather
پدر
father
مادر
mother
کودک
baby
فرزند دختر
daughter
فرزند پسر
son

مهمان

guest

خاله، عمه

aunt

دایی، عمو

uncle

برادر

brother

خواهر

sister

بدن

body

پیشانی
forehead
چشم
eye
شانه
shoulder
انگشت دست
finger
صورت
face
چانه
chin
دست
hand
ساق پا
leg
سینه
breast
بازو
arm

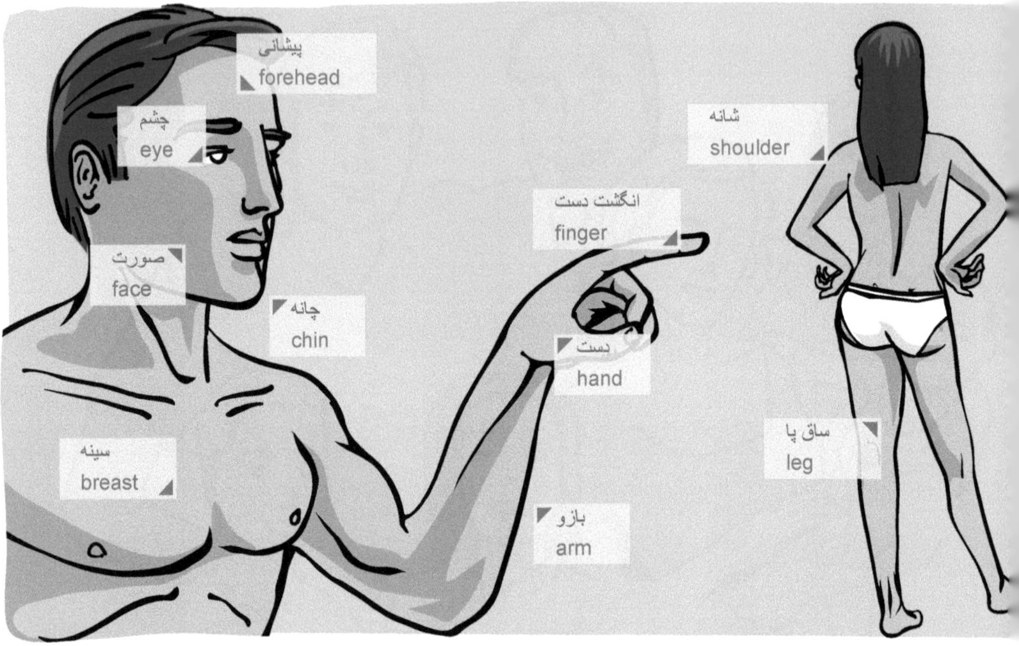

کودک

baby

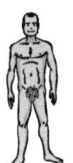

مرد

man

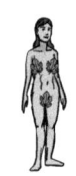

زن

woman

دختربچه

girl

پسربچه

boy

کله

head

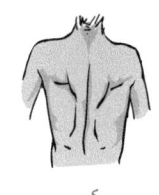

کمر

back

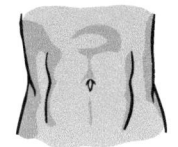

شکم

belly

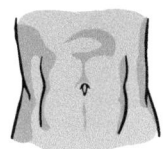

ناف

navel

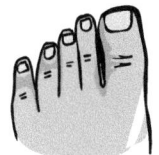

انگشت پا

toe

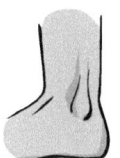

پاشنه

heel

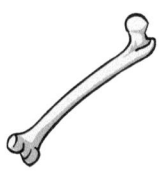

استخوان

bone

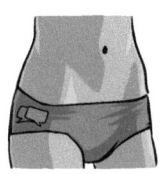

لگن

hip

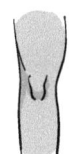

زانو

knee

آرنج

elbow

بینی

nose

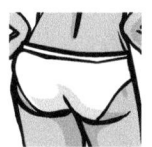

نشیمنگاه

buttocks

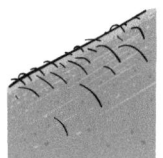

پوست

skin

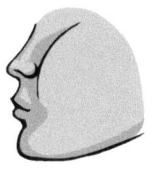

گونه

cheek

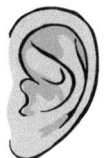

گوش

ear

لب

lip

دهان

mouth

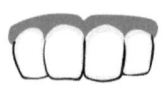

دندان

tooth

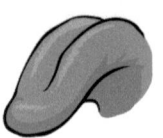

زبان

tongue

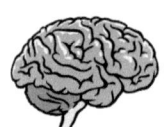

مغز

brain

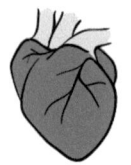

قلب

heart

عضله

muscle

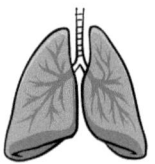

ریه

lung

کبد

liver

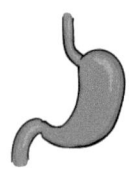

معده

stomach

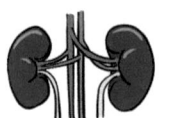

کلیه

kidneys

آمیزش جنسی

sex

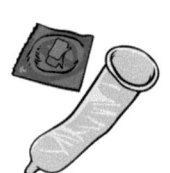

کاندوم

condom

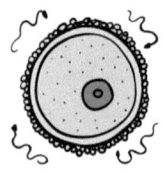

تخمک

ovum

اسپرم

semen

حاملگی

pregnancy

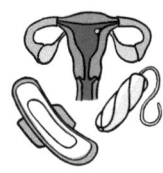

پریود

menstruation

واژن

vagina

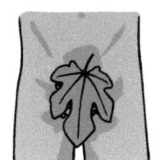

آلت تناسلی مرد

penis

ابرو

eyebrow

مو

hair

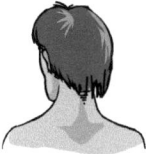

گردن

neck

بیمارستان
hospital

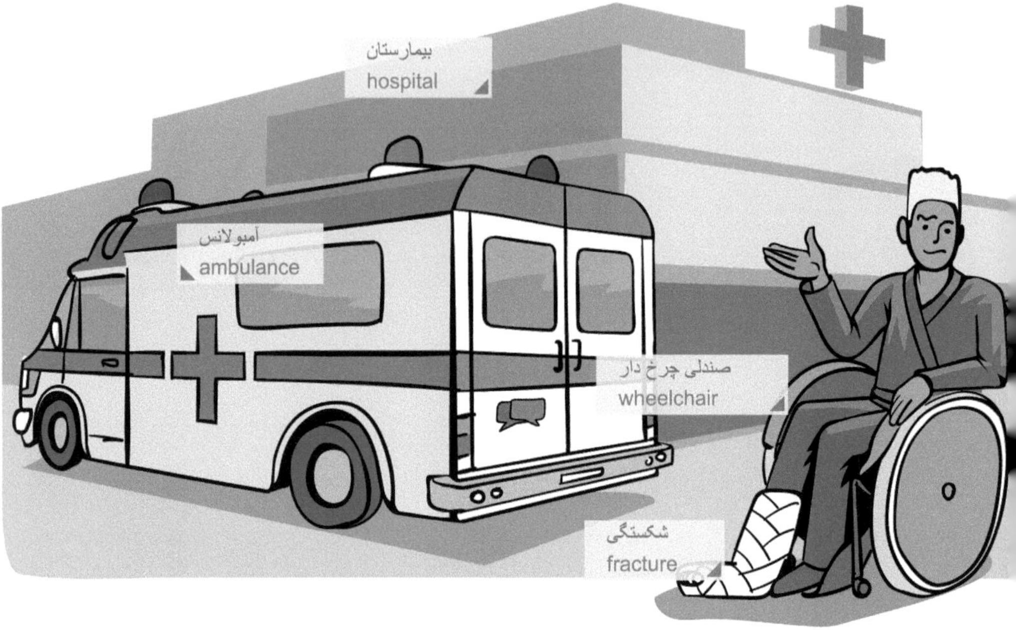

بیمارستان
hospital
آمبولانس
ambulance
صندلی چرخ دار
wheelchair
شکستگی
fracture

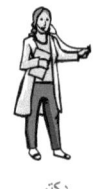

دکتر

doctor

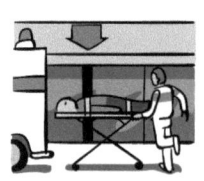

بخش اورژانس

emergency room

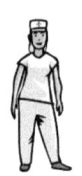

پرستار

nurse

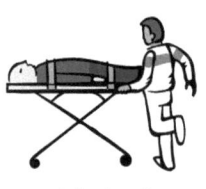

موقعیت اضطراری

emergency

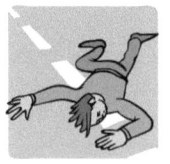

بی هوش

unconscious

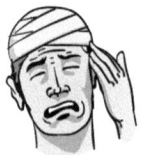

درد

pain

مصدومیت

injury

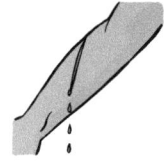

خونریزی

bleeding

سکته قلبی

heart attack

سکته مغزی

stroke

آلرژی

allergy

سرفه

cough

تب

fever

آنفولانزا

flu

اسهال

diarrhea

سردرد

headache

سرطان

cancer

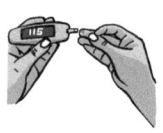

دیابت

diabetes

جراح

surgeon

چاقوی جراحی

scalpel

عمل جراحی

operation

سی تی اسکن

CT

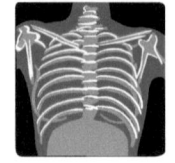

پرتونگاری

x-ray

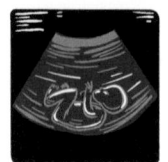

سونوگرافی

ultrasound

ماسک صورت

face mask

بیماری

disease

اتاق انتظار

waiting room

چوب زیر بغل

crutch

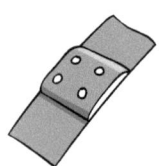

چسب زخم

plaster

پانسمان

bandage

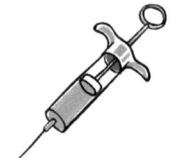

تزریق

injection

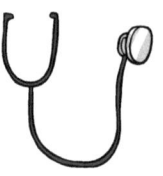

گوشی طبی

stethoscope

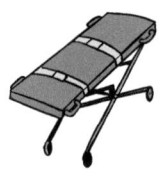

برانکار

stretcher

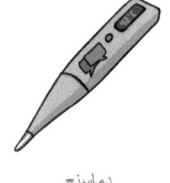

دماسنج

clinical thermometer

زایش

birth

اضافه وزن

overweight

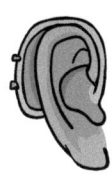

سمعک

hearing aid

ماده ضد غفونی کننده

disinfectant

عفونت

infection

ویروس

virus

اچ آی وی / ایدز

HIV / AIDS

دارو

medicine

واکسیناسیون

vaccination

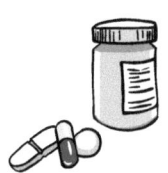

قرص

tablets

قرص ضد حاملگی

pill

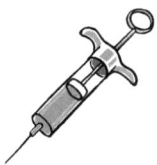

تماس اظطراری

emergency call

دستگاه اندازه گیری فشارخون

blood pressure monitor

مریض / سالم

ill / healthy

موقعیت اضطراری

emergency

کمک!

....

Help!

آژیر خطر

....

alarm

حمله

....

assault

حمله ی فیزیکی

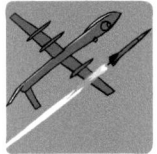

....

attack

خطر

....

danger

خروج اظطراری

....

emergency exit

آتش

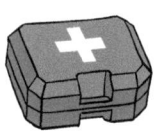

....

Fire!

کپسول آتش‌نشانی

....

fire extinguisher

تصادف

....

accident

جعبه کمک های اولیه

....

first-aid kit

درخواست کمک

....

SOS

پلیس

....

police

کره زمین
earth

اروپا

Europe

آمریکای شمالی

North America

آمریکای جنوبی

South America

آفریقا

Africa

آسیا

Asia

استرالیا

Australia

اقیا نوس اطلس

Atlantic

اقیانوس آرام

Pacific

اقیانوس هند

Indian Ocean

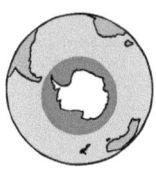

اقیا نوس اطلس جنوبی

Antarctic Ocean

اقیانوس منجمد شمالی

Arctic Ocean

قطب شمال

North pole

قطب جنوب

South pole

قاره قطب جنوب

Antarctica

کره زمین

earth

سرزمین

land

دریا

sea

جزیره

island

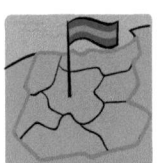

ملت

nation

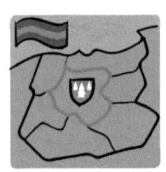

کشور

state

ساعت
clock

صفحه ی ساعت

clock face

ساعت شمار

hour hand

دقیقه شمار

minute hand

ثانیه شمار

second hand

ساعت چند است؟

What time is it?

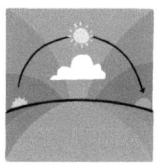

روز

day

زمان

time

اکنون

now

ساعت دیجیتال

digital watch

دقیقه

minute

ساعت

hour

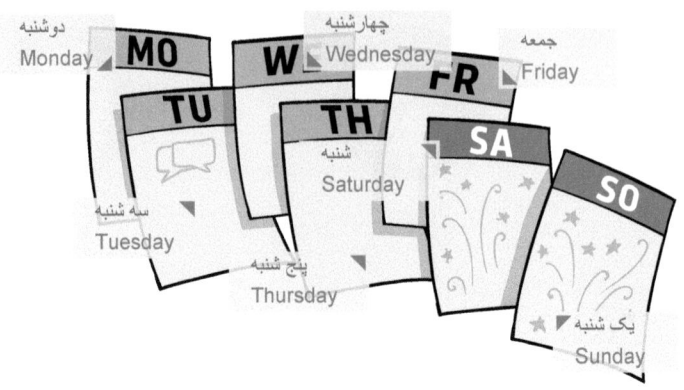

هفته

week

MO
TU
W
TH
FR
SA
SO
دوشنبه
Monday
سه شنبه
Tuesday
چهارشنبه
Wednesday
پنج شنبه
Thursday
جمعه
Friday
شنبه
Saturday
یک شنبه
Sunday

TUE
MON

دیروز

yesterday

TUE

امروز

today

TUE

فردا

tomorrow

صبح

morning

ظهر

noon

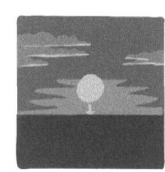

غروب

evening

روزهای کاری

workdays

آخر هفته

weekend

باران
rain
رنگین کمان
rainbow
باد
wind
برف
snow
بهار
spring
تابستان
summer
پاییز
fall
زمستان
winter

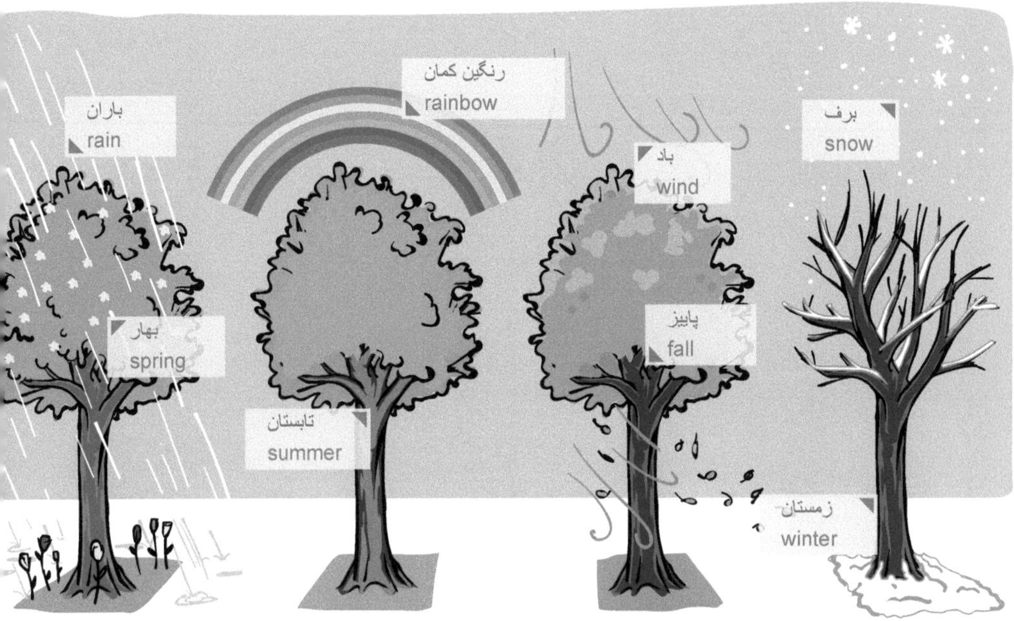

پیش‌بینی اوضاع جوی

weather forecast

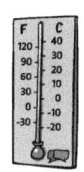

دماسنج

thermometer

تابش آفتاب

sunshine

ابر

cloud

مِه

fog

رطوبت هوا

humidity

صاعقه

lightning

آسمان غره

thunder

طوفان

storm

تگرگ

hail

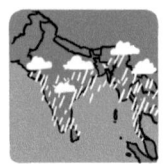

باد موسمی

monsoon

سیل

flood

یخ

ice

ژانویه

January

فوریه

February

مارس

March

آوریل

April

مه

May

ژوئن

June

ژوئیه

July

آگوست

August

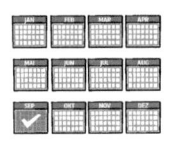

سپتامبر
....
September

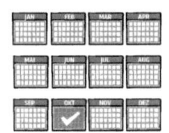

اکتبر
....
October

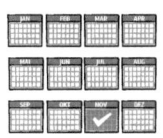

نوامبر
....
November

دسامبر
....
December

أشكال

shapes

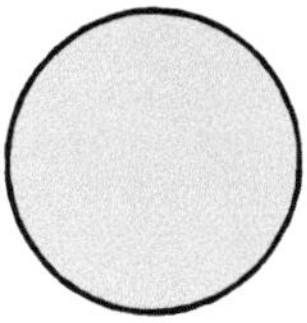

دایره
....
circle

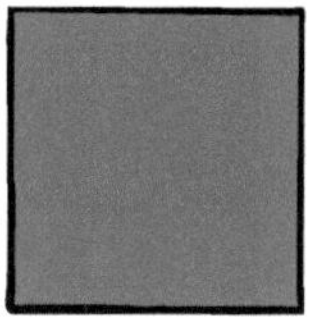

مربع
....
square

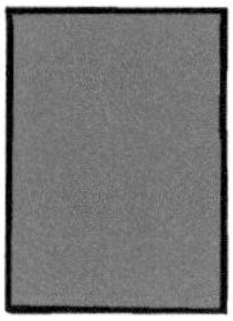

مستطیل
....
rectangle

سه گوش
....
triangle

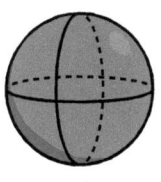

گره
....
sphere

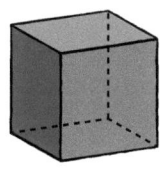

مکعب مربع
....
cube

رنگ ها

colors

سفید

white

زرد

yellow

نارنجی

orange

صورتی

pink

قرمز

red

بنفش

purple

آبی

blue

سبز

green

قهوه ای

brown

خاکستری

gray

سیاه

black

متضاد ها

opposites

خیلی / کم

a lot / a little

خشمگین/ آرام

angry / calm

زیبا / زشت

beautiful / ugly

شروع / پایان

beginning / end

بزرگ / کوچک

big / small

روشن / تیره

bright / dark

برادر / خواهر

brother / sister

تمیز / آلوده

clean / dirty

کامل / ناقص

complete / incomplete

روز / شب

day / night

مرده / زنده

dead / alive

پهن / باریک

wide / narrow

قابل خوردن / غیر قابل خوردن

edible / inedible

غضبناک / مهربان

evil / kind

هیجان زده / بی حوصله

excited / bored

چاق / لاغر

fat / thin

اولین / آخرین

first / last

دوست / دشمن

friend / enemy

پر / خالی

full / empty

سفت / نرم

hard / soft

سنگین / سبک

heavy / light

گرسنگی / تشنگی

hunger / thirst

مریض / سالم

ill / healthy

غیرقانونی / قانونی

illegal / legal

باهوش / خنگ

intelligent / stupid

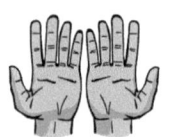

چپ / راست

left / right

نزدیک / دور

near / far

نو / استفاده شده

new / used

هیچ چیز / چیزی

nothing / something

پیر / جوان

old / young

روشن / خاموش

on / off

باز / بسته

open / closed

آهسته / بلند

quiet / loud

ثروتمند / فقیر

rich / poor

درست / غلط

right / wrong

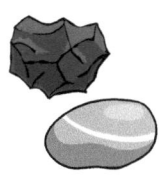

زبر / صاف

rough / smooth

غمگین / خوشحال

sad / happy

کوتاه / بلند

short / long

کند / تند

slow / fast

تر / خشک

wet / dry

گرم / خنک

warm / cool

جنگ / صلح

war / peace

اعداد

numbers

0

صفر

zero

1

یک

one

2

دو

two

3

سه

three

4

چهار

four

5

پنج

five

6

شش

six

7

هفت

seven

8

هشت

eight

9

نه

nine

10

دَه

ten

11

یازده

eleven

12

دوازده

twelve

13

سیزده

thirteen

14

چهارده

fourteen

15

پانزده

fifteen

16

شانزده

sixteen

17

هفده

seventeen

18

هجده

eighteen

19

نوزده

nineteen

20

بیست

twenty

100

صد

hundred

1.000

هزار

thousand

1.000.000

میلیون

million

زبان ها

languages

انگلیسی

English

انگلیسی آمریکایی

American English

چینی ماندارین

Chinese Mandarin

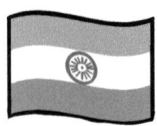

هندی

Hindi

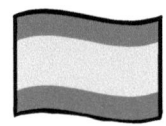

اسپانیایی

Spanish

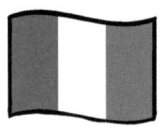

فرانسوی

French

عربی

Arabic

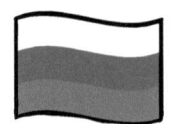

روسی

Russian

پرتغالی

Portuguese

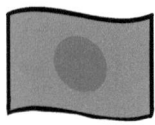

بنگالی

Bengali

آلمانی

German

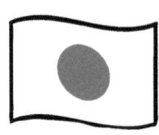

ژاپنی

Japanese

چه کسی / چه چیزی / چگونه

who / what / how

من

I

تو

you

او

he / she / it

ما

we

شما

you

آنها

they

چه کسی؟ کی؟

who?

چی؟

what?

چگونه؟

how?

کجا؟

where?

کی؟

when?

نام

name

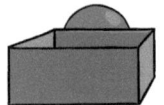

کجا

where

پشت

behind

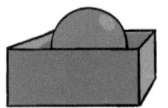

توی

in

جلو

in front of

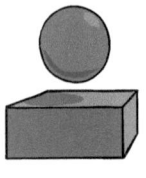

بالای

over

روی

on

زیر

under

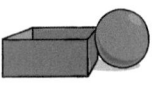

مجاور

beside

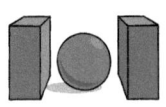

بین

between

مکان

place